COUPLETS
PATRIOTIQUES

CHANTÉS AU BANQUET

OFFERT

A MM. LES CHASSEURS DE LA 4e COMPAGNIE

DU 5e BATAILLON,

Par MM. les Officiers, Sous-Officiers

et Caporaux de cette Compagnie,

LE 27 OCTOBRE 1830.

ROUEN,

IMPRIMERIE DE D. BRIÈRE,

RUE SAINT-LO, N° 7.

1830.

COUPLETS
PATRIOTIQUES

CHANTÉS AU BANQUET

OFFERT

A MM. LES CHASSEURS DE LA 4ᵉ COMPAGNIE

DU 5ᵉ BATAILLON,

Par MM. les Officiers, Sous-Officiers
et Caporaux de cette Compagnie,

LE 27 OCTOBRE 1830.

ROUEN,
IMPRIMERIE DE D. BRIÈRE,

RUE SAINT-LO, Nº 7.

1830.

GARDE NATIONALE.

—

ORDRE DU JOUR PERPÉTUEL.

Air : *Chevalier de la Table Ronde.*

A LA voix de notre Patrie
Devenus Soldats-Citoyens,
Enchaînés, pour toute la vie,
Par le plus sacré des liens,
Nous resterons, avec franchise,
Fidèles au serment prêté :
Ordre Public et Liberté
Seront toujours notre devise.

Pour bannir de vives alarmes,
Établir le règne des lois,
Amis, nous avons pris les armes;
Mais en soutenant tous nos droits,
Nous resterons avec franchise, etc.

✾ 4 ✾

S'il fallait couvrir la frontière,
L'ennemi verrait notre ardeur ;
Ici , ne déclarant la guerre
Qu'à l'intrigant perturbateur,
Nous resterons avec franchise , etc.

Sous l'étendard de la victoire ,
Vieux Drapeau couvert de lauriers ,
Nous saurons trouver quelque gloire ,
Même sans quitter nos foyers :
Nous resterons avec franchise, etc.

Vous qui croyez voir la licence
Se parer d'un masque trompeur,
Dans nos soins ayez confiance ;
Chassez une vaine terreur :
Nous resterons avec franchise, etc.

Vous qu'une coupable indolence
Rend sourds à l'appel du Pays,
Ne craignez pas notre vengeance ;
Vous n'excitez que nos mépris :
Nous resterons avec franchise, etc.

La Liberté fut ton égide,
Héros en tous lieux révéré !
LA FAYETTE, sois notre guide ;
Souffle en nos cœurs le feu sacré :
Nous resterons avec franchise, etc.

De nos lois, en premier esclave,
Quand PHILIPPE règne sur nous,
Pour suivre, sans aucune entrave,
L'exemple qu'il nous donne à tous,
Nous resterons avec franchise, etc.

Il sera des Rois le modèle;
Nous devons compter sur sa foi;
Pour lui nous doublerons de zèle,
Et répétant : Vive le Roi !
Nous resterons avec franchise,
Fidèles au serment prêté :
Ordre Public et Liberté
Seront toujours notre devise.

PAR UN OFFICIER DE LA COMPAGNIE.

Les Trois Journées.

CHANT PATRIOTIQUE.

Quel bruit épouvante le monde,
Et nous pénètre de terreur?
Est-ce le canon destructeur,
Est-ce la foudre au loin qui gronde?
Français! vous êtes menacés :
Le glaive de la tyrannie
Verse le sang de la Patrie;
Le clairon me le dit assez.

De nobles chants ont frappé mon oreille,
J'entends partout des cris de liberté.
Il est rompu votre joug détesté;
Tremblez, tyrans, le lion se réveille;
Tremblez, tyrans, tremblez, le lion se réveille.

Français, la Charte est déchirée!
Du Roi connaissez les exploits :
Il vient d'attenter à nos lois,
Au mépris de la foi jurée.
Par les plus criminels moyens,
Déjà ses odieux ministres

�֍ 8 �֍

Poursuivent leurs projets sinistres
Contre les droits des citoyens.

De nobles chants ont frappé mon oreille, etc.

Le peuple, altéré de vengeance,
Fera-t-il cesser tant d'abus ;
Et de tous ses droits méconnus
Ne prendra-t-il pas la défense?
Oui, sur ses enfants opprimés,
La France, qui versait des larmes,
Soudain s'est écriée : « Aux armes! »
Et cent mille bras sont armés.

De nobles chants ont frappé mon oreille, etc.

C'en est fait, nos oppresseurs tremblent :
Leur foudre a sillonné Paris ;
Mais sur de funestes débris
Tous les citoyens se rassemblent :
Des cris de guerre en peu d'instants
Succèdent aux plaisirs frivoles,
Et l'on voit du sein des écoles
Surgir de nombreux combattants.

De nobles chants ont frappé mon oreille, etc.

O Français! des sbires infames
Portaient la mort de toutes parts :

❋ 9 ❋

Ils trempèrent leurs étendards
Jusque dans le sang de vos femmes ;
Mais ils n'existent déjà plus :
Le peuple veillait sur la France :
Ainsi qu'un géant il s'élance,
Et d'un souffle ils sont abattus.

De nobles chants ont frappé mon oreille, etc.

Paris, auguste métropole !
Paris, l'orgueil du Peuple-Roi !
Le despotisme a devant toi
Vu crouler sa honteuse idole.
De tes Palais, du Panthéon
Si le tems détruit les arcades,
Il suffit de tes Barricades
Pour immortaliser ton nom.

De nobles chants ont frappé mon oreille, etc.

Des Normands l'ardeur citoyenne
Couvre la face des chemins ;
Vois aussi leurs braves marins
Remonter le cours de la Seine :
Tous offrent de tardifs secours ;
Mais, ô Paris ! pouvaient-ils croire,
Que, pour enchaîner la victoire,
Il ne te fallait que trois jours !

De nobles chants ont frappé mon oreille, etc.

Revois ce Drapeau tricolore,
Et qu'il enflamme ton orgueil ;
Sa conquête a mis au cercueil
Tant de héros jeunes encore !
Pour éterniser tes regrets,
France ! la piété l'ordonne,
A ces lauriers de ta couronne,
Mêle de funèbres cyprès.

De nobles chants ont frappé mon oreille, etc.

Mais, renaissons à l'espérance,
Dieu nous préparait des succès ;
Et déjà le roi des Français
A remplacé le roi de France.
D'Orléans ! nos cœurs sont ouverts,
Viens en régnant sur la patrie,
Asseoir ta famille chérie
Sur le trône de l'Univers.
Soyons unis, Philippe le conseille,
Et que pour tous, fille de l'équité,
La Charte enfin soit une vérité.
Dors, ô lion ! que rien ne te réveille,
Dors, ô lion ! que rien jamais ne te réveille.

Par LÉONARD-CASIMIR LEVERDIER,
de Beaumont-le-Roger.

HOMMAGE
AUX VOLONTAIRES
DE LA SEINE - INFÉRIEURE.

PAR UN ROUENNAIS.

Gardez bien votre Liberté.... (De Béranger.)

Air *de la Marseillaise.*

Je visitais la triste enceinte
Où dorment nos jeunes héros ;
De leur sang la terre encore teinte
S'ouvrit, et j'entendis ces mots :   (*bis*)
« Français, si dans les jours d'alarmes
» Le fer conquit la Liberté,
» Songez à ce qu'elle a coûté !...
» Et ne déposez plus les armes.
» Aux paroles des Rois, aux protestations
» Réponds (*bis*), Peuple français, par de bons bataillons.

Variante du Refrain :

» Source de Liberté, pur sang des Parisiens,
» Fais croître, en tous pays, des Soldats-Citoyens.

» Verse des pleurs, belle Neustrie :
» En mourant pour la Liberté,
» Paris, sauveur de la Patrie,
» T'a ravi l'immortalité.   (*bis*)
» Consolez-vous, fils de la gloire :
» Qui, les premiers, dans ces beaux jours,
» Volèrent à notre secours ?
» *Les Normands*, s'écrira l'histoire.
» Aux paroles des Rois, aux protestations
» Réponds (*bis*), Peuple français, par de bons bataillons.

» Une querelle très-antique
» Divisait et Peuples et Rois ;
» La France, en un jour héroïque,
» Des Peuples a fixé les droits.   (*bis*)
» Ne trouvant plus d'autre refuge,
» Les Rois, d'un accord général,
» Reconnaîtront le tribunal;
» Mais comme ils maudiront le juge !...
» Aux paroles des Rois, aux protestations
» Réponds (*bis*), Peuple français, par de bons bataillons.

Pour nous, que la gaîté convie
A des festins pleins de douceurs,

C'est peu, sur leur tombe chérie,
De jeter de loin quelques fleurs.   (*bis*)
Si la guerre, dont Dieu nous garde,
Nous fait ressaisir nos mousquets,
Jurons qu'au sortir des banquets
Nous marcherons à l'avant-garde.
Aux paroles des Rois, aux protestations
Réponds (*bis*), Peuple français, par de bons bataillons.

Si de s'armer chacun s'empresse,
Philippe, c'est pour ton soutien.
D'un despote on craint la promesse :
On protége un Roi-Citoyen.   (*bis*)
Le Français, qui, de la victoire,
Esclave, fut l'enfant gâté,
Sous toi verra la Liberté
Donner des ailes à la gloire.
Tes paroles, bon Roi, tes nobles actions
Vaudront (*bis*), pour les Français, cent mille bataillons.

De l'immortelle Capitale
Vous qui secouriez les Enfants,
Orgueil de la Cité natale,
Gloire à vous tous, braves Normands !   (*bis*)
Mais célébrons, dans cette fête,

Celui qui, pour guider nos pas,
Le premier nous offrant son bras,
Au despotisme offrait sa tête,
Honneur au citoyen qui cria, le premier :
Partons (*bis*), et suivez-moi... Honneur à Monthélier !

*** Sergent.

A Philippe Premier, notre Roi-Citoyen,
Le père des Français et leur noble soutien,
Adressons tous nos vœux, notre reconnaissance;
Car il nous rend nos droits et notre indépendance.
Protégeant les beaux-arts, un brillant avenir
Nous fera de nos maux perdre le souvenir.
De Charles-le-Tyran maudissons la mémoire.
Bénissons D'Orléans, et célébrons sa gloire;
Il comble nos souhaits, ceux de la nation.
Plus de fils de Jésus, de congrégation !
Roi philosophe, il sait que lorsque l'on raisonne
On peut adorer Dieu sans croire à la Sorbonne.
Réjouissons-nous tous ! Chantons l'Egalité,
La Charte, notre Roi, Patrie et Liberté !

A. L.

Stances.

O France! ô ma chère patrie!
Combien de fois sur tes malheurs
Mon ame s'est-elle attendrie!
Combien ai-je versé de pleurs!

Quand d'un Roi, des Rois la risée,
Tu portais les indignes fers,
Fallait-il te voir méprisée?
Toi que respecta l'Univers,
   O France! etc.

Tu ne marchais plus que dans l'ombre;
Couverte d'un pâle drapeau,
Tu semblais le fantôme sombre
De la France mise au tombeau.
   O France! etc.

Ces vieux amis de la Victoire
Si souvent chargés de lauriers,
Tes fiers soldats, leur soif de gloire
S'éteignait dans les bénitiers.
   O France! etc.

Le cierge remplaçait l'épée ;
L'hypocrite avait les honneurs ;
Du Panthéon l'urne trompée
Ne recélait plus tes vainqueurs.
    O France ! etc.

Tu tombais dans la décadence,
Semblable à ces grands monuments
Dont chaque jour marque l'absence
Des plus célèbres ornements.
    O France ! etc.

Paris, indigné de ta honte,
Renverse et chasse tes tyrans ;
Aux périls que chacun affronte
France, reconnais tes enfants !
    O France ! etc.

Ils ont vaincu ; sois libre et fière,
Enfin ! « de tes nobles couleurs ;
» Ils ont secoué la poussière
» En punissant tes oppresseurs. »
    O France !

                    L., CAPORAL.